SHAWN MENDES

IL FANBOOK DEFINITIVO

MALCOLM CROFT

MONDADORI

INTRODUZIONE

"SONO ORGOGLIOSO DI POTER DIRE DI ESSERE D'ESEMPIO." SHAWN MENDES

Il 2016 è l'anno in cui Shawn Mendes è riuscito a diventare la megastar che merita di essere. Ha girato il suo primo video Vine di sei secondi in camera da letto e da allora, in soli tre anni, è asceso a ruolo di principe del pop. *Illuminate*, il suo acclamato secondo album, è uscito nel settembre 2016 ed è una miscela perfetta e matura di abilità musicali e canore. Finora è il suo risultato artistico più identificativo. Il cielo non è più un limite per questa star dai mille talenti che sta sfrecciando tra le nuvole ed è pronto a conquistare il mondo.

Questo libro è il vostro pass VIP per il backstage della vita incredibile di Shawn, qualcosa di prezioso da curare e stringere mentre ascoltate la sua musica eccezionale, nel caso in cui non vi sia possibile abbracciarlo dal vivo. Ma mai dire mai: i sogni possono diventare realtà. Chiedetelo a Shawn!

Questa è una foto scattata agli inizi della carriera di Shawn, all'età di quindici anni.

CASA DOLCE CASA

È ALTO 1,80 M, HA CAPELLI BRUNI, UN CIUFFO CELEBRE, UN SORRISO CHE RISPLENDE A DISTANZA DI CHILOMETRI E GIRA IL MONDO SUONANDO LA CHITARRA. DI RECENTE AVETE VISTO QUALCUNO CHE CORRISPONDE A QUESTA DESCRIZIONE? SE SÌ, FORSE È SHAWN MENDES, IL SOLISTA PIÙ SEXY DEL MONDO!

Shawn Peter Raul Mendes è nato l'8 agosto 1998 e da quel momento ha reso i suoi genitori, Karen e Manuel Mendes, estremamente orgogliosi. La famiglia di Shawn, compresa la sorella minore Aaliyah, vive serenamente nella pittoresca periferia di Pickering, una piccola, tranquilla e talvolta (a detta di Shawn) soffocante cittadina vicino a Toronto, nella Provincia dell'Ontario, in Canada. Con soli centomila abitanti – tra i quali pochi in grado di intrattenere una mente giovane e curiosa – Pickering era la fonte d'ispirazione perfetta per permettere a Shawn di diventare ciò che è. "Caricare canzoni online dopo la scuola divenne un passatempo divertente in una cittadina noiosa," racconta Shawn. "Con la vita che faccio, sempre in movimento, a volte Pickering è un po' soffocante, ma è anche il luogo più rassicurante del mondo. È bello tornare qui."

Quando i tanti impegni non spediscono Shawn in posti sperduti, e quando i tour mondiali, le premiazioni e la promozione dei suoi album gli danno tregua, Shawn vola a casa alla sua vita "normale, comune" di Pickering. È il suo luogo del cuore, ma lo ha anche spinto a puntare più in alto. "Quando cresci in una cittadina di provincia il mondo ti sembra enorme. Le città sembrano così

A destra Shawn promuove il suo nuovo disco agli studi Sirius XM di New York, il 22 luglio 2014.

A fianco La Regia polizia a cavallo canadese accompagna Shawn ai Juno Awards, in Canada, il 15 marzo 2015.

grandi e lontane, e così vivaci. Quindi la fantasia corre libera." Come per molti talenti prodigiosi, gli angusti confini della provincia hanno ispirato Shawn; i suoi risultati hanno avuto umili origini. "Siamo una famiglia normale con una casa normale," dice Shawn. "E io sono un ragazzo proprio come tutti gli altri. I miei genitori sono fieri di me, ma allo stesso tempo fatichiamo a prendere le misure di tutto quello che sta succedendo. È da matti."

Il successo online di Shawn, grazie a Vine, deriva dalla quotidiana frustrazione provata alla scuola superiore Pine Ridge di Toronto. "Ero uno studente normale, niente di eccezionale." Appassionato di hockey su ghiaccio e calcio, Shawn frequentava la scuola con piacere, ma "Adoravo gli spettacoli, la recitazione, esibirmi sul palco, i riflettori e tutto il resto" più che studiare. Al momento, deve ancora concludere online le scuole superiori, tra un viaggio e un impegno in sala di registrazione. Andrew Gertler, l'agente che ha scoperto Shawn in una notte memorabile nonché uomo dalle idee chiare della Island Records, in un'occasione ha condiviso un racconto commovente a proposito degli anni scolastici del suo protetto: "Shawn mi diceva sempre che all'inizio, quando aveva appena cominciato a cantare e a postare cover, prima che accadesse qualunque cosa e che la sua musica diventasse virale, a scuola lo prendevano in giro. Ma lui aveva un gruppo di amici fidati e la sua famiglia a sostenerlo." Ovviamente, ora che Shawn è famoso non lo prende più in giro nessuno per i suoi video su Vine. In appena tre anni, Shawn è passato dall'essere un ragazzino annoiato a una web star e quindi una stella di prima grandezza. A differenza dei suoi idoli, Shawn ha conquistato le prime pagine senza bisogno di

LA PLAYLIST CASALINGA DI SHAWN

'WHY GEORGIA' – JOHN MAYER
'LOVE YOURSELF' – JUSTIN BIEBER
'MOVE TOGETHER' – JAMES BAY
'HEY THERE DELILAH' – PLAIN WHITE T'S
'THINKING OUT LOUD' – ED SHEERAN
'HERE' – ALESSIA CARA
'THAT SWEATER' – SCOTT HELMAN
'ONE AND ONLY' – ADELE
'APOLOGIZE' – ONEREPUBLIC

In questa pagina Shawn si esibisce durante la tappa di Washington del concerto di Austin Mahone, 4 agosto 2014.

A fianco, sopra Il Mendes Army in attesa mentre Shawn lascia la sala di registrazione del talk show mattutino *Live with Kelly and Michael*, 24 luglio 2014.

A fianco, sotto Shawn posa per una "Shawnie", o "Selfie con Shawn", con una fan durante gli US Open a New York.

atteggiamenti da cattivo ragazzo ("Non ho mai creato scandali, ma non sono sicuro se sia perché sono perfetto o perché la gente non è ancora abbastanza interessata a me"). A Shawn sono sufficienti il suo fascino da ragazzo di provincia, le sue canzoni melodiche e il suo viso irresistibile.

"Quando le persone hanno iniziato a riconoscermi e sono arrivate le prime offerte dalle case discografiche, cominciarono tutti a trattarmi in modo bizzarro," racconta Shawn. "Adesso, invece, quando torno a casa sono gentili. Le persone che mi circondano sono grandiose e genuine. La maggioranza delle mie frequentazioni sono legate alla mia famiglia, o sono amici di lunga data che non mi trattano in modo diverso. I miei genitori sono fantastici per cui mi piace davvero andare a trovarli. Penso che far ritorno in una cittadina piacevole e rilassata sia sempre bello." Per molti suoi fan, Shawn Mendes è il Clark Kent del pop: un normale ragazzo di provincia quando è a casa, un supereroe della musica per il resto del mondo.

"MIO PADRE DICE SEMPRE CHE SONO UN'ANIMA INQUIETA PERCHÉ NON MI ACCONTENTO MAI. NON SENTO DI MERITARE I RISULTATI CHE RAGGIUNGO."

SHAWN MENDES

In questa pagina I fan hanno avuto Shawn tutto per loro durante l'Hot 99.5 Jingle Ball 2014, il 15 dicembre 2014.

A fianco, sopra Shawn e Meghan Trainor all'iHeartRadio's Jingle Ball 2014, presso il Madison Square Garden, il 12 dicembre 2014.

A fianco, sotto Shawn sul palco di *Good Morning America*, il 21 agosto 2014.

L'INIZIO DI QUALCOSA DI GRANDE

ED SHEERAN, UNO DEGLI IDOLI DI SHAWN, DAL 2015 SI È PRESO UNA PAUSA DALLA MUSICA, LASCIANDO UN ENORME SPAZIO VUOTO NELL'UNIVERSO DEL POP MASCHILE. POLISTRUMENTISTA DAL TALENTO ECCEZIONALE E DAL VISO ANGELICO, SHAWN PUÒ COLMARE QUESTA LACUNA ALLA PERFEZIONE. NON TROVATE?

Shawn, "il più comune dei ragazzi", nel 2013 iniziò a postare su Vine, una piattaforma per condividere video di breve durata, una serie di cover da sei secondi di artisti come One Direction, 5 Seconds of Summer, Justin Bieber e molti altri. Aveva imparato a suonare la chitarra solo sei mesi prima: "Credo fosse un pomeriggio d'estate in cui mi annoiavo," ha detto Shawn in un'intervista per il quotidiano della sua città. "Così ho deciso di postare un piccolo video in cui cantavo e suonavo la chitarra stonando." Questo "momento di spontaneità", come lo chiama lui, avrebbe cambiato la sua vita per sempre. "Cantare è venuto un po' dal nulla e all'inizio non ero per niente bravo," dice Shawn a proposito delle misteriose origini del suo talento. "Io direi che ho iniziato a cantare bene solo dall'anno scorso!"

Non ti crediamo, Shawn! "Ve lo giuro, se guardate YouTube e alcune delle mie prime cover mi si sente stonare. Però ero ossessionato dalla musica e volevo diventare bravo al punto che mi sono sforzato di capire cosa andava e cosa no," ricorda. Nel giro di qualche mese, Shawn ha visto aumentare a duecentomila il numero dei suoi follower, fedeli e affezionati, ora conosciuti come Mendes Army. Dall'agosto del 2014, la ricerca di perfezione di Shawn lo ha aiutato a diventare il terzo cantante più seguito di Vine. Anche l'hashtag #shirtlessshawn, dovuto a una serie di selfie in cui mostra i suoi addominali tonici, è stato di grande aiuto, per ovvie ragioni!

Visto il tam tam online a proposito delle sue cover non proprio perfette, era solo questione di tempo prima che Shawn venisse scoperto. Il suo momento arrivò nel 2014, quando il manager musicale Andrew Gertler digitò su Google le parole "Say Something", una canzone che aveva appena sentito a *The Voice*. La cover di Shawn apparì come primo risultato della ricerca. Andrew cliccò sul link. "Su YouTube molti artisti dedicano tanto tempo a un buon montaggio, ottenendo spesso risultati falsi o manipolati," ricorda Andrew, in un'intervista. "Ma la voce di Shawn era così bella, così diversa da quella di chiunque altro posti cover."

"ERO SUPER OSSESSIONATO DAI VIDEO DI COVER. QUANDO AVEVO DIECI ANNI, TORNAVO A CASA DA SCUOLA IL POMERIGGIO E LI GUARDAVO DALLE 4 ALLE 8. MI AFFASCINAVA IL MODO IN CUI LE PERSONE PRENDEVANO UN TESTO FAMOSISSIMO E LO TRASFORMAVANO IN QUALCOSA DI PERSONALE." *SHAWN MENDES*

Pagina accanto Cantante. Chitarrista. Sex symbol. Shawn si esibisce all'apertura del Z100's Jingle Ball 2014 all'Hammerstein Ballroom, a New York, il 12 dicembre 2014.

Sopra Shawn arriva al Late Show with David Letterman per registrare la sua prima puntata, il 13 novembre 2014.

"L'altra cosa incredibile era la velocità con cui aumentavano visualizzazioni e follower. Se avesse twittato 'Ho voglia di pizza' avrebbe ottenuto trentamila 'Mi piace'! Aveva molti meno follower rispetto ad altri artisti, ma lui creava una rete."

Comunque, per diventare una superstar, Shawn aveva bisogno di una sua hit: un singolo di debutto con cui fare breccia e annunciare al mondo il suo arrivo. Uscito nel giugno 2014 come brano di punta del *The Shawn Mendes EP*, e opportunamente chiamato *Life of the Party* ("Anima della festa"), fu una scelta azzeccata. In questo pezzo, Shawn maturò una profonda connessione tra parole e musica e il titolo riassume tutto quello che stiamo imparando a conoscere e ad amare del nostro nuovo artista preferito. *The Shawn Mendes EP* è uscito il 28 luglio 2014, e con sorpresa di Shawn e di molti nell'industria musicale, ha raggiunto il primo posto su iTunes in trentasette minuti! Con questo EP Shawn ha conquistato il titolo di persona più giovane a esordire nella classifica top 25 di *Billboard Hot 100*. All'età di soli 15 anni, 11 mesi e 4 giorni.

La festa era iniziata e Shawn era nel posto giusto...

ASCOLTATISSIMO SU VINE

I SUOI COLLEGHI STAR DEI SOCIAL MEDIA, COME JUSTIN BIEBER, GREYSON CHANCE, 5 SECONDS OF SUMMER E AUSTIN MAHONE HANNO SFONDATO SU YOUTUBE. SHAWN MENDES, FUSTO CANADESE E PRINCIPE DEL POP-BLUES, È STATO LA PRIMA STELLA NATA SU VINE.

Forse, oggi il social media Vine è in declino, ma nella sua breve finestra di popolarità in rete ha contribuito a lanciare Shawn sulla scena internazionale del pop, il posto che gli appartiene. I fan si sono imbattuti in lui non appena ha cominciato a usare Vine caricando video della durata di pochi secondi, ma sufficienti a far emergere il vero potenziale di un prodigio musicale.

Dopo aver caricato un videoclip in cui suona la chitarra e canta una versione acustica di *As Long As You Love Me* di Justin Bieber, la popolarità di Shawn è schizzata in orbita. Nel giro di una notte, ha ottenuto più di diecimila "Mi piace"! Dopo alcuni mesi di caricamenti, Shawn ha raggiunto un seguito di centinaia di migliaia di sostenitori, oltre a milioni di visualizzazioni di ogni suo video. L'idolo dei teenager ha raggiunto ora più di cinque milioni di follower su Vine, sette milioni e mezzo su Twitter e oltre quattro milioni di "Mi piace" su Facebook. "I social media sono tutto," ha detto Shawn in un'intervista. "Non avrei avuto nulla senza questa possibilità. Non c'è dubbio che tutta la mia carriera graviti intorno a essi. Essere se stessi, aggiornare i fan, essere attivi e tenere i contatti. Io sono me stesso, è quello che farei spontaneamente. Sono stato costante con i video da sei secondi in cui cantavo su YouTube, Twitter, Instagram. Caricavo foto in continuazione. Non sapevo esattamente cosa stavo facendo, ma mi davo da fare!"

Dal 2013, Shawn è stato catapultato sotto i riflettori dopo aver firmato con la Island Records e aver pubblicato un EP da primo posto e due album campioni di vendite, *Handwritten* nel 2015 e *Illuminate* nel 2016. Nell'ottobre 2016, i biglietti per il concerto di Shawn al Madison Square Garden sono stati esauriti in meno di cinque

Pagina accanto Shawn firma autografi al Boston Children's Hospital, il 14 novembre 2014.

In questa pagina Shawn canta *Life Of The Party* per ventimila studenti canadesi alla Rogers Arena, il 22 ottobre 2014.

SHAWN
MENDES
iHeart
RADIO
iHeart
RADIO

Pagina accanto I suoi fan tengono in alto i cellulari all'Hot 99.5's Jingle Ball 2014, il 15 dicembre 2014.

Sopra Shawn, Ryan Seacrest e Usher ospiti a un evento speciale in onore del Boston Children's Hospital, il 14 novembre 2014.

A destra Armato della sua fedele chitarra acustica, Shawn si esibisce da solista all'evento We Day Vancouver, alla Rogers Arena, il 22 ottobre 2014.

THE SHAWN MENDES EP

1. 'LIFE OF THE PARTY'
2. 'SHOW YOU'
3. 'ONE OF THOSE NIGHTS'
4. 'THE WEIGHT'

minuti. Su YouTube ha più di un miliardo di visualizzazioni, oltre a otto milioni di fan su Twitter e molti amici famosi che lo ritengono uno dei tipi più affascinanti mai incontrati.

Shawn è arrivato a questi livelli prima dei diciannove anni. Tuttavia, per lui l'età non conta nulla: "Poiché sono molto giovane, molte persone dicono 'Wow, la sua musica è così matura,'" ha dichiarato Shawn in un'intervista. Poi ha commentato: "La mia età viene menzionata spesso," ma ha spiegato anche "credo che nessuno dovrebbe essere giudicato per la sua età. Si tratta solo di un numero. Spesso la gente inizia a giudicarti in base a quanto sei giovane prima ancora di conoscerti." Sin da quando Shawn ha sfondato su Vine, per lui è stato importante solo l'impegno dedicato alla sua musica. Questo duro lavoro lo ha ripagato, e alla grande!

"Ed Sheeran è stato il mio esempio in campo musicale, mi dà sempre consigli. È stato il primo a suggerirmi di farmi in quattro. Dice che se vuoi avere successo, devi lavorare quando la gente dorme e dire di sì a tutto. Ed è quello che sto facendo. Voglio arrivare in cima."

Non è stata solo la dedizione di Ed a ispirarlo. Anche Taylor Swift ha avuto un'influenza importante sullo status di superstar del giovane cantante. Shawn ammira soprattutto il suo carattere semplice e ne trae ispirazione. "Con Taylor, la cosa più importante che ho imparato, e amo dirlo, è che non esiste un livello di successo che non richieda un grande impegno," ha affermato Shawn. "Sono sicuro che lei sia il paradigma di dove può arrivare una star della musica. Lei è la più stilosa di tutti, davvero! È Taylor Swift, la celebrità più famosa del mondo e, conoscendola, non lo diresti mai, è così umile e semplice."

Con il fedele Mendes Army alle sue spalle, pronto a sostenerlo, e il lavoro duro, Shawn ha a portata di mano l'obiettivo di diventare una grande pop star rimanendo un bravo ragazzo.

Tutto ciò che deve fare è tenere duro. Sarà una grande avventura!

A destra Shawn e la sua band rendono super speciali i 2015 Much Music Video Awards, il 21 giugno 2015.

“PASSAVO ORE E ORE A GIRARE VIDEO DA CARICARE SU VINE E MI IMPEGNAVO AL MASSIMO PER FARLO. ERO SEMPRE ONLINE. ERO UNO DI QUEI RAGAZZINI SEMPRE CONNESSI, SEMPRE SU YOUTUBE. PER ME È STATO FACILE: NON ERA LAVORO, ERA DIVERTIMENTO.” *SHAWN MENDES*

I NUMERI DELLA VITA DI SHAWN

1. Nel settembre 2016, *Illuminate* è arrivato al numero **1** della classifica americana e canadese di *Billboard*.
2. Nel 2017, Shawn si esibirà negli Stati Uniti **22** volte e due in Canada, durante il suo tour mondiale di quarantacinque date.
3. Shawn è stato scoperto su Vine ed è diventato il **terzo** cantante più seguito nell'agosto del 2014.
4. Nel luglio 2014, l'EP di debutto di Shawn, con **4** canzoni, *The Shawn Mendes EP*, è arrivato al numero uno su iTunes in trentasette minuti!
5. Nel 2016, Shawn ha raggiunto più di **5** milioni di "Mi piace" su Facebook e oltre 4,8 milioni di follower su Vine.
6. Nel 2013, Shawn è diventato famoso per i suoi frammenti di canzoni famose da **6** secondi e in pochi mesi milioni di persone hanno iniziato a seguirlo.
7. Shawn ha oltre **7** milioni di fan su Twitter e 6,5 milioni di persone lo seguono su Vevo. I video di Shawn hanno raggiunto 1 miliardo e mezzo di visualizzazioni su YouTube e la sua presenza sui social media è di impatto mondiale con 14,2 milioni di follower su Instagram.
8. Shawn è nato l'**8** agosto 1998.
9. *Handwritten* dura 3**9** minuti e 2**9** secondi.
10. Il video ufficiale del primo singolo di Shawn, *Life of the Party*, è stato trasmesso per la prima volta il **10** marzo 2015.

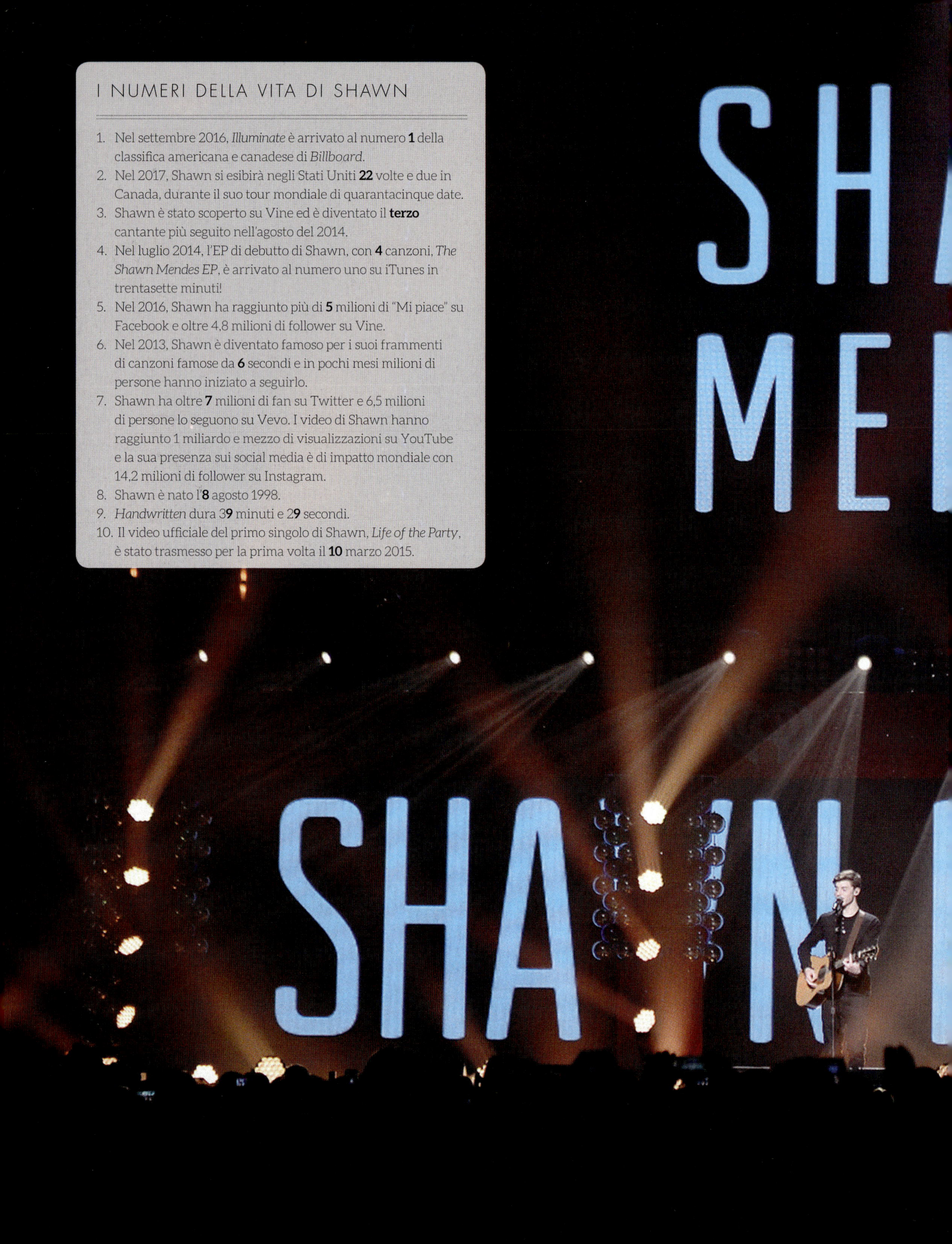

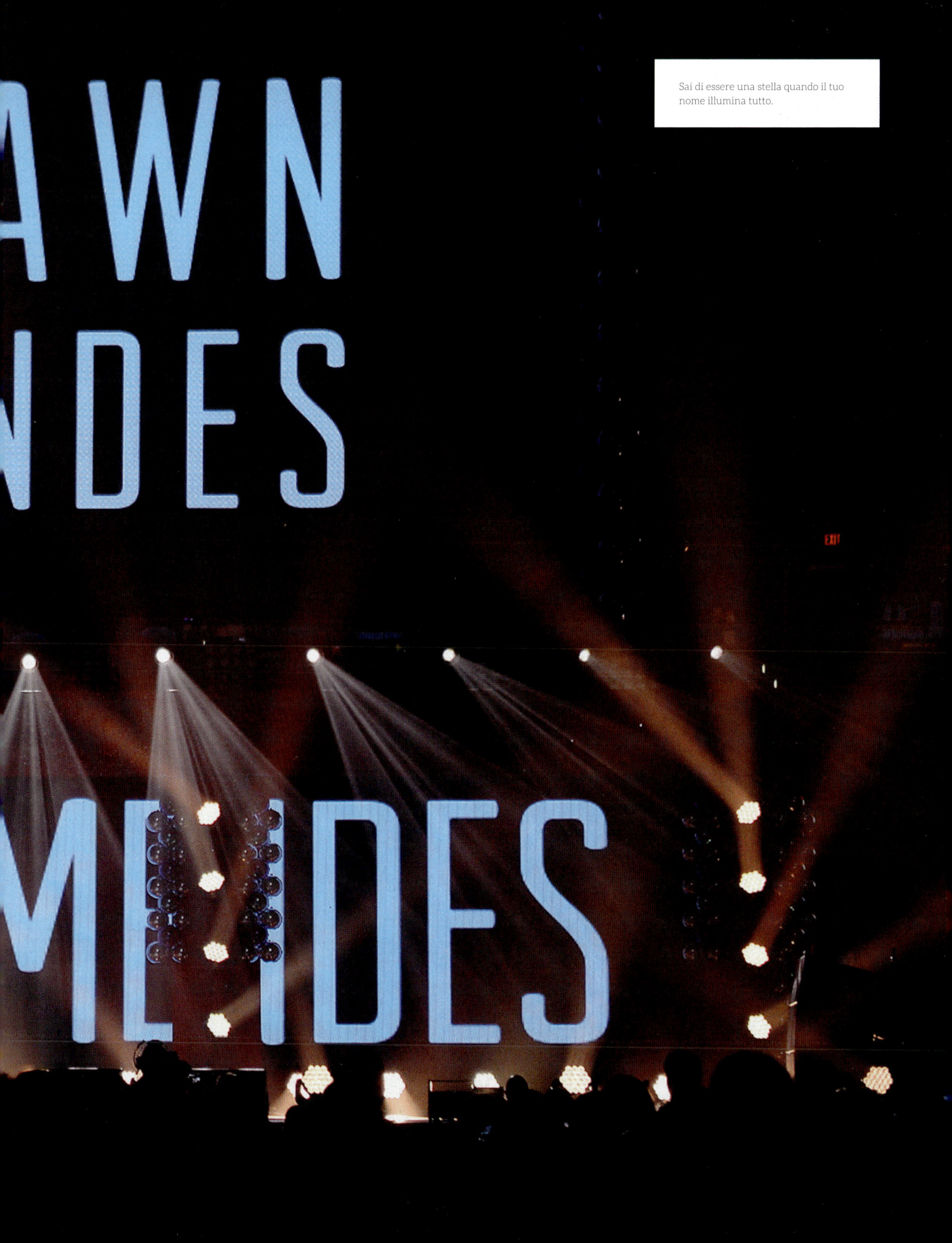

Sai di essere una stella quando il tuo nome illumina tutto.

SCRITTO A MANO TRA LE STELLE

NEGLI ANNI SCORSI, IL FIRMAMENTO DEL POP È STATO COSTELLATO DAI NOMI DI ARTISTE COME ADELE, RIHANNA, BEYONCÈ, MILEY, SELENA, ARIANA, KATY, DEMI, TAYLOR, E OGNUNA DI LORO È RIUSCITA A SBRICIOLARE I RECORD MONDIALI, MA ORA È ENTRATO NEL GRUPPO UN RAGAZZO NUOVO...

Sotto Durante i JUNO Awards del 2015, il 15 marzo, Shawn ha emozionato la folla.

A fianco, sopra Al Mall of America, Shawn offre un'esibizione spettacolare ai suoi fortunatissimi fan, durante il giorno di uscita nei negozi di *Handwritten*, in Minnesota, il 13 aprile 2015.

A fianco, sotto Shawn con il selfie-stick a *Good Morning America*, il 17 aprile 2015.

Non lasciatevi ingannare dal viso infantile e bellissimo di Shawn: il cantante è saggio e maturo nonostante la sua giovane età. Con una mascella squadrata con la quale potrebbe tagliare un diamante e occhi bruni che calamitano come i raggi traenti di un UFO, non c'è da stupirsi che per i suoi milioni di fan, ragazzi e ragazze di tutte le età, Shawn stia emergendo non solo come il più grande compositore del 2016, ma anche come sex-symbol. Tra l'uscita del suo album d'esordio *Handwritten*, nel 2015, e quella di *Illuminate*, nel 2016, Shawn si è immerso nel suo nuovo ruolo di astro nascente, ma le sue canzoni lo hanno aiutato a tenere i piedi ben saldi a terra.

Il successo di *Handwritten* ha reso Shawn il più giovane artista dopo Justin Bieber ad avere un album al primo posto: una pressione davvero forte per una persona così giovane. Immaginate di arrivare al numero uno a sedici anni! "Sta succedendo tutto così in fretta," ha ammesso Shawn in un'intervista del 2015. "Pochi mesi fa non ero così popolare e la gente non conosceva la mia musica e ora, all'improvviso, ci sono ragazze che urlano nel mio quartiere e cantano le mie canzoni dal vivo. È incredibile."

"Ero solo molto ansioso e molto emozionato all'idea di fare musica," ricorda Shawn a proposito della registrazione del suo album d'esordio. Il suo manager, Andrew Gertler, è d'accordo: "Shawn aveva scritto una serie di canzoni da solo. Sin dall'inizio, era deciso a scrivere da sé la propria musica ed era convinto circa il proprio ruolo autoriale. Quando abbiamo ascoltato alcuni dei suoi testi, le orecchie di tutti si sono drizzate. Era un grande talento naturale."

"SAREI IMPAZZITO SE AVESSI DOVUTO ASPETTARE UN ANNO IN PIÙ PER MOSTRARE AL MONDO CHE COSA SO FARE." *SHAWN MENDES*

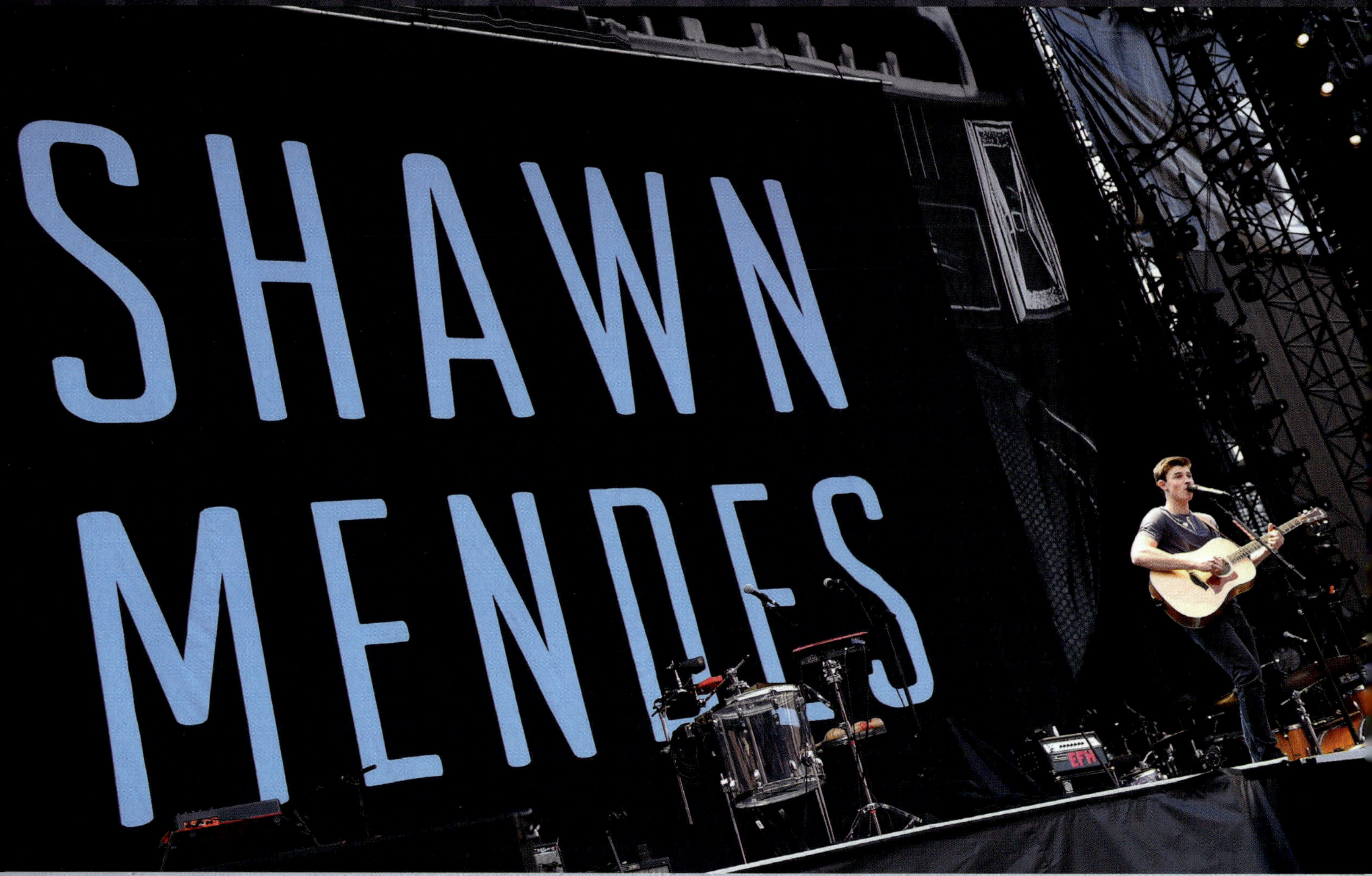

I BRANI DI *HANDWRITTEN*

1. 'LIFE OF THE PARTY'
2. 'STITCHES'
3. 'NEVER BE ALONE'
4. 'KID IN LOVE'
5. 'I DON'T EVEN KNOW YOUR NAME'
6. 'SOMETHING BIG'
7. 'STRINGS'
8. 'AFTERTASTE'
9. 'AIR' (FEATURING ASTRID S)
10. 'CRAZY'
11. 'A LITTLE TOO MUCH'
12. 'THIS IS WHAT IT TAKES'

A fianco L'apertura di un concerto del tour mondiale 1989 di Taylor Swift al MetLife Stadium, in New Jersey, il 10 luglio 2015. Senza paura!

In questa pagina Profeta in patria: Shawn sbalordisce Toronto ai Much Music Video Awards, il 21 giugno 2015.

La bellezza ultra-melodica di *Stitches* o la dolcezza di *Never be alone* hanno reso evidente la particolarità dello stile compositivo di Shawn. "Non potrei raccontare qualcosa a cui non credo. Scrivo solo quello che sto vivendo. I miei fan stanno crescendo con me e molti sono miei coetanei. È fantastico, perchè so che stiamo attraversando le stesse situazioni. Abbiamo tutti la stessa età, siamo della stessa generazione. Non sto scrivendo canzoni che raccontano solo la mia vita, ma quella di tutti coloro che hanno all'incirca la mia età, perché siamo profondamente connessi."

L'aiuto di autori affermati come Ido Zmishlany, Scott Harris, Geoffrey Warburton e Teddy Geiger ha contribuito a far arrivare l'album al primo posto dei 200 di *Billboard*, con centodiciannovemila unità, equivalenti al numero di album venduti nella prima settimana! Non male per un ragazzino di Pickering.

Il successo dell'album ha attirato l'attenzione di Taylor Swift, che ha subito scritturato Shawn come artista di supporto del suo tour, 1989. Un'accoppiata perfetta... e ha incoraggiato ulteriormente Shawn a lavorare ancora più sodo per i suoi fan e la sua carriera.

"Ho imparato moltissimo accompagnando Taylor Swift nel suo tour mondiale del 2015," ha detto Shawn. "Non smette mai di lavorare... Anche le persone al primo posto nella 'catena alimentare' si danno da fare per una quantità innumerevole di ore." Quando sei il nuovo principe del pop, andare in tour con la regina del pop e osservare da vicino tutto ciò che accade, offre un'opportunità unica per imparare. Shawn ha capito soprattutto come gestire la sua nuova fama. "Taylor Swift mi intimidisce. Non in senso negativo, ma la guardo e penso: 'Oddio, cosa faccio? Cosa dico?' Mi aiuta a capire come si sente la gente quando mi incontra!"

TOP 10: I TWEET DI SHAWN NEL 2016

1. "Svegliarsi assomigliando ogni giorno di più a mio padre, ah ah. Non mi dispiace affatto."
2. "Ho un po' di nostalgia di casa; sono pronto a rivedere amici e famiglia."
3. "Sono talmente grato di tutto questo, ragazzi, grazie mille."
4. "Sono davvero stanco di non poter dormire! Non ci sono doppi sensi! Ahah."
5. "FA' CIÓ CHE TI RENDE FELICE! Ecco tutto."
6. "La via più breve per la felicità: impara a essere altruista."
7. "Ho la band migliore del mondo. Sono super fortunato ad avere questi ragazzi con me."
8. "Non mi sembra vero ragazzi, siamo il n°1 in oltre 60 Paesi. Non ci credo, siete meravigliosi!!!"
9. "Spero vi piaccia *Illuminate*. Grazie per avermi ispirato a creare qualcosa che porterò con me tutta la vita."
10. "Sono sul tetto del mio hotel a guardare Manhattan da lontano e mi sento in cima al mondo. Grazie mille ragazzi."

Sopra Shawn canta *Stitches* ai Much Music Awards di Toronto, il 21 giugno 2015.

Baby, please
your words cut deeper
no one's ever left me quite this
lover and move on
a flame, oh
stitches
heart cold to the touch
come help

SCRIVENDO ILLUMINATE

IL SUCCESSO DI *HANDWRITTEN* ERA SCRITTO NEL DESTINO. IL TOUR CON TAYLOR SWIFT HA CREATO UN CONNUBIO PERFETTO TRA STELLE DEL POP, LANCIANDO SHAWN IN ORBITA. CONTRATTI COME MODELLO, PREMI E MILIONI DI FAN SONO DIVENTATI PARTE DEL SUO VIAGGIO, MA NULLA ERA SCONTATO. COME TUTTI I GRANDI ARTISTI, TUTTAVIA, NEL 2016 SHAWN AVEVA SOLO UNA COSA IN TESTA: UN NUOVO ALBUM, QUALCOSA DI IMPORTANTE CHE LO DEFINISSE CON CHIAREZZA.

In questa pagina Lo sguardo meraviglioso di Shawn, durante gli iHeartRadio Music Awards Fan Army Nominee Celebration, il 27 marzo 2015.

A fianco, sopra Shawn ringrazia i suoi fan del Mendes Army durante i Teen Choice Awards, del 16 agosto 2016.

A fianco, sotto Shawn e Mauro Castano del *Boss delle torte* animano la festa al party di Natale del 2015 dell'Island Records, il 11 dicembre 2015.

Il 5 ottobre 2015, dopo molte speculazioni sulle riviste musicali, Shawn Mendes ha ricevuto un tweet dal collega e superstar canadese Justin Bieber. @Justinbieber ha scritto:

"La voce di Shawn mi rende felice. Emozionare le persone con le proprie canzoni è un grande dono! Sono molto fiero di te fratello! Grande album!"

Il pensiero di JB ha cambiato la giornata di Shawn. Era la conferma della sua rapidissima ascesa: il re stava passando le redini al nuovo principe. Ma prima dell'uscita del suo "difficile secondo" album nel settembre 2016, Shawn e il suo team hanno avuto parecchio da fare per raggiungere il livello di *Handwritten*. Questa volta, registrare non sarebbe stato una passeggiata né un divertimento. O no?

"Siamo andati in questo posto chiamato Club House nel nord delle stato di New York, in mezzo ai boschi," racconta Shawn in un'intervista. "Era un posto pazzesco, in cima a un'enorme collina, e noi per una settimana potevamo fare quello che volevamo. Finché scrivevamo musica, eravamo produttivi. Facevamo proprio quello che volevamo, e per me è stato divertentissimo. È stata un'esperienza talmente liberatoria."

È stato questo contesto creativo a far ricordare a Shawn che la fama non è tutto, né va data per scontata: solo le canzoni devono essere prese sul serio e contano davvero.

"Il periodo in cui abbiamo scritto *Illuminate* forse è stato uno dei più memorabili della mia vita," ha dichiarato pubblicamente Shawn. "Ce ne stavamo sdraiati sul pavimento dello studio a fissare il soffitto e a scrivere. Parlavamo di tutto. La cosa bella di me e di chi ha scritto con me l'album è che siamo amici molto intimi. Così, per metà del tempo scrivevamo e per l'altra chiacchieravamo e trascorrevamo le ore insieme. Credo sia questo che ha reso le canzoni così speciali."

A fianco Un piccolo Andy Samberg? Può essere! Negli studi della radio Y-100 a Miami, il 7 aprile 2015.

In questa pagina Confusione e caos nel backstage dei 28th Annual Kids' Choice Awards di Nickelodeon, il 28 marzo 2015.

TOP 10: VIDEO MUSICALI

Quali sono i tuoi video preferiti?

1. "TREAT YOU BETTER"
2. "MERCY"
3. "STITCHES"
4. "SOMETHING BIG"
5. "RUIN"
6. "I KNOW WHAT YOU DID LAST SUMMER"
7. "AFTERTASTE"
8. "LIFE OF THE PARTY"
9. "NEVER BE ALONE"
10. "A LITTLE TOO MUCH"

Ma qual è stato il più visto su YouTube?

Questa intimità con i suoi collaboratori è l'X-factor che rende Shawn così richiesto. Quando sei il signor bravo ragazzo del pop, tutti vogliono lavorare con te. E Shawn è convinto che sia questo l'ingrediente segreto del successo dell'album: "Immaginate un gruppo di uomini in campeggio, nel contesto letteralmente meno stressante del mondo, nel quale ognuno fa ciò che vuole. È stato come se avessimo abbandonato la terra per dieci giorni e fossimo andati su un altro pianeta."

La registrazione di *Illuminate* sarà stata un puro divertimento, ma i temi dei testi di Shawn e dei suoi compagni di scrittura sono toccanti e riflessivi. Il titolo stesso vuole ricordare che nei momenti difficili la musica dovrebbe sempre essere capace di offrire alle persone uno spiraglio di luce e speranza. "È un po' cupo," ammette Shawn riferendosi al titolo. "Ma quando stai attraversando un periodo tormentato, la musica è una di quelle cose che dà luce nei momenti faticosi. E questo è più o meno ciò che stavamo affrontando."

Le differenze tra il primo e il secondo album di Shawn aiutano a capire quanto sia cresciuto in soli tre anni. Ora è un uomo, non più un ragazzo. "Dai quindici ai diciotto anni, chiunque diventa una persona diversa," ha detto. "Mi stanno capitando così tante cose in questo periodo." Il raggiungimento della maturità da parte di Shawn è evidente nei suoi nuovi brani.

"I fan potranno restare stupiti dai contenuti di alcune canzoni.

"NON POTREI MAI SCEGLIERE LA MIA CANZONE PREFERITA, MA *UNDERSTAND* È QUELLA CHE PIÙ SI AVVICINA A CIÒ CHE SONO. PARLA DI CRESCITA, DEI MIEI AMICI, DI SENTIMENTI ED EMOZIONI, TUTTO RIVERSATO IN UN BRANO." *SHAWN MENDES*

Sono molto più maturi. Ciò di cui parlo è un po' più profondo, così penso che ne saranno sorpresi. Quando ho scritto *Handwritten* avevo quindici anni, mentre durante la creazione di *Illuminate* ne avevo diciassette-diciotto. Si cambia moltissimo come persone, ma da quando sono in questo pazzo mondo è cambiato anche tutto il resto. C'è davvero molto di cui scrivere. Ci sono grandi differenze a livello vocale e di testi. Le canzoni sono molto migliori. Adoro *Handwritten*, ma amo molto anche *Illuminate*. Secondo me è molto più bello."

Era un segno di maturità anche il desiderio di Shawn di controllare ogni aspetto della propria musica: "In termini produttivi, ero sicuro di voler partecipare alla scrittura di ogni singolo testo, ma desideravo anche accertarmi che la creazione e ogni altro passaggio delle canzoni scaturisse completamente dalla mia testa e dal mio cuore, quindi ero lì di fianco al produttore nel corso di tutto il processo creativo. Se non ho il controllo, sento come se il mondo stesse per collassare." Questo desiderio di supervisionare il suono e i testi manifesta la crescita di Shawn come artista, ma anche come cantastorie e portavoce dell'emotiva e appassionata generazione dei *millennial*: "Qualunque diciottenne sarebbe spaventato all'idea di scrivere un album che per la maggior parte parla d'amore. Ma io penso che sia bellissimo..."

Anche noi, Shawn. Anche noi.

A fianco Un sorriso per la stampa ai Much Music Video Awards, il 21 giugno 2015.

In questa pagina Il KIIS FM's Jingle Ball del 4 dicembre 2015 è stato un grande show. Voi dove eravate?

C'È UNA NUOVA STELLA

CON L'USCITA DEL SUO SECONDO ALBUM, *ILLUMINATE*, NEL SETTEMBRE 2016, E LA CONQUISTA DEL PRIMO POSTO IN CLASSIFICA POCHI GIORNI DOPO, SHAWN NON RISCHIAVA PIÙ DI ESSERE UNA METEORA. LA MEGASTAR DEL POP MELODICO E DEL BLUES-ROCK ACUSTICO È ARRIVATA, E LA FESTA STA PER ENTRARE NEL VIVO.

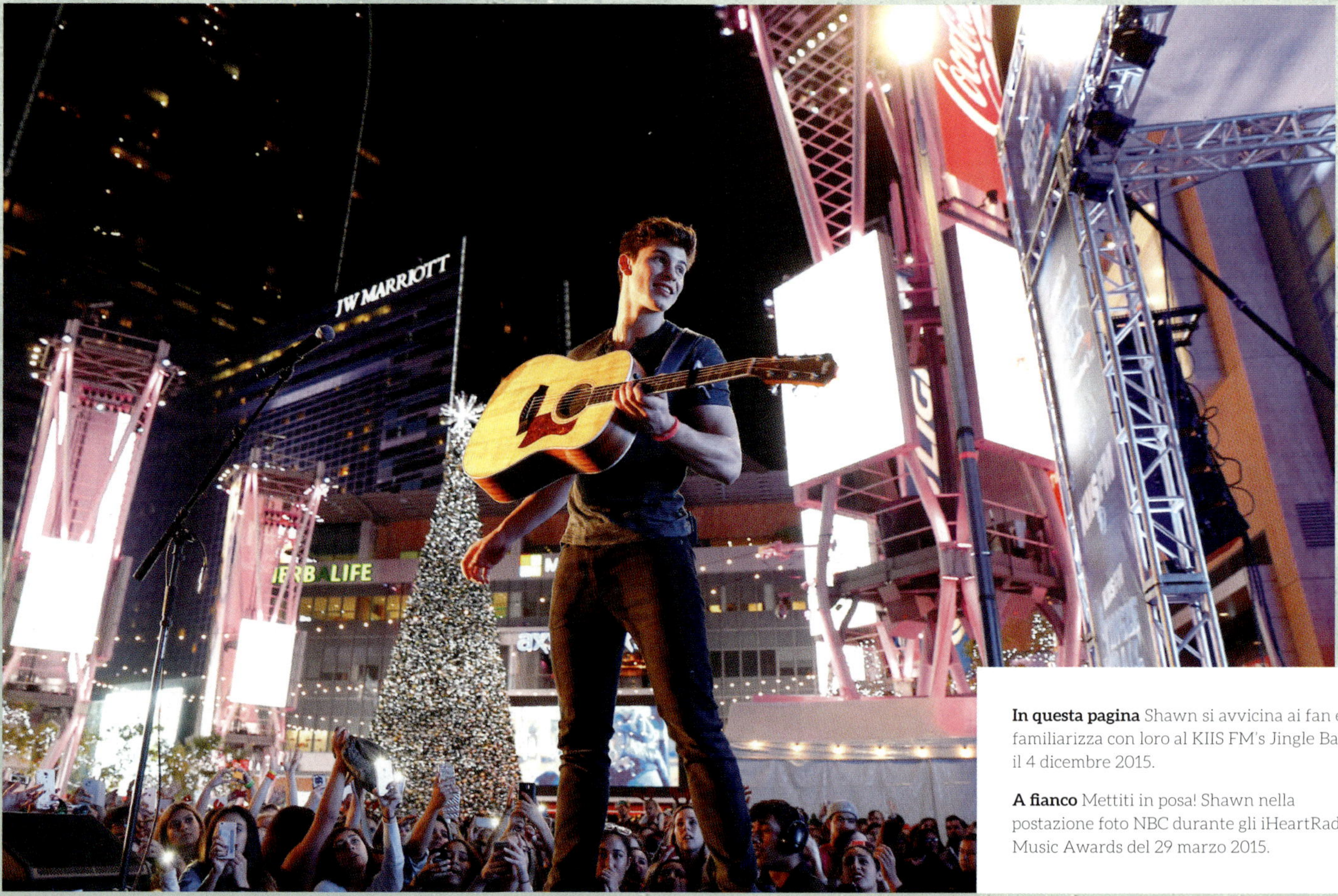

In questa pagina Shawn si avvicina ai fan e familiarizza con loro al KIIS FM's Jingle Ball, il 4 dicembre 2015.

A fianco Mettiti in posa! Shawn nella postazione foto NBC durante gli iHeartRadio Music Awards del 29 marzo 2015.

Subito dopo *Handwritten*, che nell'aprile 2015 ha esordito al primo posto della classifica di *Billboard* dei migliori duecento album spingendo la rivista "Time" a includere Shawn nella lista dei "25 teenager più influenti", anche *Illuminate* è approdato al numero uno nelle classifiche. Shawn ha venduto più di molti autori suoi coetanei, tra i quali ci sono alcuni dei suoi idoli. Ma la fama appena conquistata, la ricchezza e il successo non sono nulla in confronto a un'esperienza che in molti possono solo sognare: ricevere una serenata da Taylor Swift per il proprio diciottesimo compleanno!

Giorno dopo giorno, i sogni di Shawn Mendes diventavano realtà, ma come sa bene ogni vero artista, con la fama planetaria spesso arriva l'ansia. "L'altra sera ero sul palco e pensavo: 'Sono una rock star,'" ricorda Shawn durante un'intervista. "Non sono mai stato più felice, emozionato e al mio meglio. Potrei sentirmi al settimo cielo, ma allo stesso tempo, in tutta la mia vita, non sono mai stato tanto a terra, ritrovandomi a pensare 'Non riesco a respirare'. I più grandi

American Airlines

LE CANZONI CHE MI FANNO PIANGERE

Qual è la vostra canzone preferita di Illuminate?

1. 'RUIN'
2. 'MERCY'
3. 'TREAT YOU BETTER'
4. 'THREE EMPTY WORDS'
5. 'DON'T BE A FOOL'
6. 'LIKE THIS'
7. 'NO PROMISES'
8. 'LIGHTS ON'
9. 'HONEST'
10. 'PATIENCE'
11. 'BAD REPUTATION'
12. 'UNDERSTAND'

A fianco Shawn Mendes e Hailee Steinfeld si abbracciano agli American Music Awards, il 22 novembre 2015.

Sopra Shawn Mendes e il suo gruppo infiammano il pubblico e accolgono il nuovo anno a New York, al Pitbull's Revolution 2016, il 31 dicembre 2015.

Sopra Camila Cabello e Shawn cantano in coppia al 106.1 KISS FM's Jingle Ball 2015, il 1 dicembre 2015.

A fianco Michael Bublé e Shawn fanno due passi durante i 2015 Canada's Walk of Fame Awards, il 7 novembre 2015.

artisti sono anche le anime più tormentate. Non mi ritengo un grande, ma mi struggo perché tengo a ciò che faccio. Sono turbato all'idea di non fare bene le cose come penso che sarei capace... perché ci tengo."

Dopo l'uscita di *Illuminate*, Shawn voleva rimanere fedele a se stesso, alle sue idee e alla propria musica. Ha capito rapidamente che lo stress del successo può avere un costo e che le montagne russe della fama hanno alti e bassi. "Sono uscito un po' di carreggiata e ho pensato 'Odio cantare, odio suonare la chitarra.' E, tuttavia, sei giorni dopo ero in camera mia cantando a squarciagola, perché... mi piace troppo."

Siccome tutte le canzoni di *Illuminate* sono state scritte da Shawn, in collaborazione con il compositore Scott Harris, il produttore Jake Gosling e gli artisti Terry Geiger e Geoff Warburton, la "maledizione del secondo album" non si è mai abbattuta, e il disco è venuto addirittura meglio di quanto Shawn sperasse. Dopo il successo di *Handwritten*, Shawn ha ritrovato la sua voce, il ritmo e la fiducia. Tutto ciò che doveva fare era credere in se stesso.

"Sono molto più sicuro di me dopo questo album. Sono molto soddisfatto," ha dichiarato in un'intervista del 2016. "Se non raggiungesse nessun record, mi sentirei comunque molto fiducioso. Mi sono appassionato così tanto alla musica che ho creato, che anche se il primo giorno l'album vendesse dieci copie ne sarei comunque felice. Ci si mette così tanto impegno, il cuore e l'anima. Ogni cosa finisce dentro l'album a cui hai lavorato per tutto un anno. Quindi qualsiasi cosa succeda, è stato un percorso importante."

I risultati ottenuti da Shawn con *Illuminate* sono frutto del suo talento naturale: è un cantautore che con i suoi testi può toccare un ampio spettro di tematiche e generare le emozioni più svariate. "Scrivere canzoni d'amore è facile," ha detto. "Ma è molto più difficile comporre testi che trattano la tua vita e cose realmente accadute. È faticoso scavare in quella parte profonda del cervello e dire: 'Cosa mi è capitato? Cosa mi ha toccato, in modo positivo e negativo?', e quindi scriverne." Con il successo di *Illuminate* confermato da vari dischi di platino ottenuti in tutto il mondo, ora tutti si chiedono cosa registrerà Shawn la prossima volta. Ma per il momento, giustamente, si gode il riflesso dei suoi raggi di luce.

“OGNI VOLTA CHE SCRIVO UNA CANZONE È COME SE FOSSE LA PRIMA. NON È FACILE, MA È IL MOTIVO PER CUI AMO TANTO FARLO: È UNA SFIDA SEMPRE NUOVA.” *SHAWN MENDES*

"VOGLIAMO SHAWN, VOGLIAMO SHAWN!"

SI DICHIARA MATTINIERO, MA NEL 2017, DURANTE IL TOUR MONDIALE PER *ILLUMINATE*, SHAWN POTREBBE DOVER RIADATTARE LA SUA ROUTINE: NOTTATE, FAN IN DELIRIO E CONCERTI IN GIRO PER IL MONDO SARANNO PARTE DEL SUO ITINERARIO GLOBALE. CON QUARANTACINQUE DATE IN TUTTO IL PIANETA, SHAWN STA SICURAMENTE ARRIVANDO IN UNA CITTÀ VICINA A TE.

Tra le prove del tour mondiale, le premiazioni, la promozione dell'album, gli scatti come modello e l'aggiornamento dei social media, al momento la vita di Shawn è un caos organizzato. Ne è passato di tempo da quando ha comprato il suo primissimo album, *Come on over* di Shania Twain, e ora Shawn si appresta ad affrontare la parte più estenuante della sua carriera: il ciclo dei tour. Tuttavia, ha una filosofia pop semplice, che gli consente

Sopra All'uscita da Good Morning America, Shawn posa per dei selfie con i fan, il 17 aprile 2015.

A fianco Un uomo e il suo esercito: Minnesota fatti sentire! Il 7 dicembre 2015.

di rimanere lucido: "Il mio metodo per rimanere sano di mente è pensare che è tutto un gioco," ha detto.

Prima dell'uscita del *The Shawn Mendes EP* nel 2014 e del contratto con Island Records, Shawn ha girato molte città nordamericane come membro del MAGCON Tour. Se già non lo sapete, la squadra del MAGCON (Meet and Greet Convention) comprende artisti come Nash Grier, Cameron Dallas, Matt Espinosa, Taylor Caniff, Aaron Carpenter, Carter Reynolds, Jack Johnson e Jack Gilinsky: un gruppo di ragazzi tra i quindici e i diciannove anni che sta facendo faville sui social. Molte di queste star hanno avuto successo grazie a Vine e il MAGCON Tour offre loro l'occasione perfetta di incontrare centinaia di fan.

Prima che la squadra del MAGCON lo allontanasse dalla sua famiglia, Shawn ha fatto il suo primo concerto il 26 ottobre 2013. "La prima volta che ho suonato davanti a un pubblico è stato a Toronto, un giorno a caso durante il quale un paio di personaggi noti su Vine avrebbero incontrato i propri fan," ricorda. "È questo il momento in cui tutto è passato da impossibile a sogno realizzabile."

Durante i precedenti tour di Shawn, ShawnsFirstHeadline e Shawn Mendes World Tour, ma anche nel corso del Live on Tour con Austin Mahone e all'apertura di 1989 di Taylor Swift, c'era una costante: la folla che gridava "Vogliamo Shawn! Vogliamo Shawn!". Ora, durante il suo personale tour mondiale, queste acclamazioni sono ancora più assordanti, al punto da indurre Shawn a urlare: "Non riesco proprio a sentirmi. Vi voglio bene". È stato durante il suo ormai famoso show al Madison Square Garden (con posti esauriti in cinque minuti) del 10 settembre 2016 che Shawn ha capito di essere diventato una grande star. "Mentre ero sul palco del Madison Square Garden ho realizzato di avercela fatta. Mi guardavo in giro e pensavo 'Wow, è tutto vero,' e vedere tutte quelle persone lì per me. Era surreale e folle!"

“IL SOLO FATTO CHE CENTINAIA DI PERSONE FOSSERO LÌ IN ATTESA DI SENTIRMI CANTARE È STATA UNA DELLE EMOZIONI PIÙ BELLE CHE POTESSI IMMAGINARE.” *SHAWN MENDES*

A fianco Shawn arriva sorridendo alla Festa dei GRAMMY di Republic Records, il 15 febbraio 2016.

Sotto Shawn canta *Tiny Dancer* con Elton John al Wiltern di Los Angeles, il 13 gennaio 2016.

Con il resto del pianeta in attesa di vedere Shawn dal vivo e da vicino, il tour mondiale di *Illuminate* promette di essere davvero spettacolare. "Sono molto emozionato di andare ovunque," ha ammesso Shawn.

"Ci sono così tanti posti lontani in cui non sono ancora stato e che finalmente visiterò." Con porridge di cereali croccanti a chiudere la sua lista di richieste per il backstage, Shawn è emozionato per i suoi fan all'idea di scatenare la sua musica dal vivo e con energia.

"Il tour sarà fantastico, perché ci siamo esercitati molto, ma il vero spettacolo inizierà quando faremo sul serio. Nella mia vita non ho mai percepito un cambiamento più rapido. Dall'eseguire un intero set acustico all'avere improvvisamente un gruppo, fino all'essere coinvolto nella produzione. La scaletta è già cambiata molto. Adesso, inizio cantando in acustico, poi parte questa stupenda, stupenda sessione con la band. È vera e propria musica dal vivo… mi piace pensare che sia più un'esperienza che uno spettacolo."

Per Shawn, suonare dal vivo è il modo per stabilire un legame intimo con i suoi fan, e uno spettacolo da mozzare il fiato, ricco di sorprese, di amore e grande impegno, è ciò che i fan dovrebbero sempre aspettarsi da lui. "Abbiamo provato moltissimo," ha detto in una recente intervista. "Non mi sento mai bravo abbastanza, però darò il mio meglio perché è quello che ho sempre fatto. Andrò là fuori e mi divertirò, creerò una connessione tra me e la folla e farò quello che faccio sempre."

Con quarantacinque date in tutto, il tour mondiale di *Illuminate* farà faticare tantissimo Shawn e la sua band. Tuttavia, visto che è un ragazzo sensibile e attento, Shawn saprà gestire tutto senza problemi. "Sono davvero esagerato nel prendermi cura della mia voce. Una volta le persone erano tanto interessante alla bravura dal vivo di un cantante? Non mi pare proprio. Non tutto è stato filmato. Oggi fai un gran pasticcio e lo vedono a milioni. Si rischia molto di più. Siamo molti cauti e abbiamo paura di rovinare tutto. È un bel carico di stress." Speriamo che l'emozione, l'ansia e il nervosismo non prevalgano… un'altra volta!

"Mi sono capitate un paio di situazioni imbarazzanti sul palco," ha ammesso Shawn. "In un'occasione mi sono dimenticato il nome della città in cui mi trovavo e ho gridato quello sbagliato. Terribile! A volte sul palco il tuo cervello non risponde, ed è molto imbarazzante!"

Shawn prima o poi arriverà dalle tue parti? Controlla sul sito shawnmendes.com per le date del tour del 2017 e acquista i biglietti!

In questa pagina Shawn se la cava alla grande ai SiriusXM Studios, il 3 giugno 2016.

A fianco, sopra Shawn è elettrizzato durante il concerto di beneficenza *Rays of Sunshine*, alla Wembley Arena di Londra, il 24 ottobre 2016.

A fianco, sotto Shawn Mendes e Hailee Steinfeld cantano *Stitches* all'iHeartRadio's Music Festival, del 19 settembre 2015.

A PROPOSITO DI MENDES

BASTA UN'OCCHIATA AI SOCIAL MEDIA DI SHAWN MENDES PER CAPIRE CHE UNO STACANOVISTA COME LUI DIFFICILMENTE SI PRENDE UN GIORNO LIBERO PER RIPOSARE O RILASSARSI, NON IMPORTA CHE LO MERITI. TUTTAVIA, NEGLI INSOLITI GIORNI DI PAUSA TRA UN TOUR MONDIALE E L'USCITA DEI SUOI ALBUM DA PRIMO POSTO, SHAWN VIVE MOLTO SERIAMENTE IL SUO TEMPO LIBERO E CHIEDE AI SUOI FAN DI RISPETTARLO.

"Spegnere il telefono e basta," il cantante confessa il primo passo per rilassarsi. "Ogni tanto devi. Bisogna sapere quando spegnerlo e tornare alla realtà per un momento."

È quando Shawn "torna alla realtà" nel suo giorno di pausa che può davvero staccare dal suo lavoro.

L'idolo di Shawn è il chitarrista e cantautore John Mayer, che lo ha influenzato in modo determinante durante la registrazione di *Illuminate* ("Penso che John abbia ispirato l'album più di chiunque altro"). È stato Mayer che ha spinto, o meglio ha insistito, affinché Shawn lavorasse sodo ma si divertisse anche tanto. "John Mayer mi ha detto 'Va bene prendersi del tempo libero. È giusto attraversare momenti di alti e bassi: ti servono da lezione e ti fanno crescere come persona.'" "Mi è stato d'aiuto," ha ammesso Shawn.

Gli "alti" rappresentati dai fan urlanti e i "bassi" della solitudine sui bus del tour e della toccata e fuga nelle varie stanze d'albergo possono far implodere una stella nascente come una supernova.

Ma come diavolo si rilassa Shawn? "Durante gli spostamenti, mi piace molto fare palestra con gli amici e la mia crew. Ma amo anche rilassarmi, e se siamo in un posto caldo vado in piscina o in spiaggia," ha dichiarato. Quando Shawn e la sua band non sono in un posto caldo, trascinano i loro piedi stanchi verso... la più vicina pedicure! Nel luglio 2016, è diventato celebre il tweet di Shawn: "Oggi ho fatto una pedicure e l'estetista mi ha detto che sono tra le tre persone con i peli delle dita dei piedi più lunghi che le siano mai capitati. Lavora da dieci anni." Il tweet ha fatto il giro del mondo ed è pure finito in prima pagina su alcune riviste pop online, con grande orrore di Shawn!

Peli dei piedi a parte, la cosa che Shawn ama di più dei suoi momenti di pausa è la libertà di andare ovunque voglia. "A dire la verità, non credo ci sarà un momento in cui non mi sarà più possibile attraversare la strada per andare in un ristorante. Dipende da te mantenere la tua vita il più normale possibile," ha detto di recente. Di sicuro, tutto può cambiare dopo essersi esibiti davanti a più di un milione di fan durante il tour mondiale di *Illuminate*, ma Shawn prende molto sul serio il divertirsi durante suo tempo libero, lontano dalle luci della ribalta. "Avrò sempre tempo di scattare una foto con i miei fan e di chiacchierare con loro, se ne hanno voglia," ha dichiarato Shawn durante un'intervista recente. "Ma quando si tratta di prendere del tempo per me, lo faccio sul serio. Non puoi dare al mondo tutto te stesso

E IL VINCITORE È...

2014 TEEN CHOICE AWARDS
Choice web star: musica

2014 SHORTY AWARDS
Musicista di Vine

2014 MUCH MUSIC VIDEO AWARDS
Video preferito dai fan: *Something Big*

2015 STREAMY AWARDS
Artista sconvolgente

2015 MTV EUROPE MUSIC AWARDS
Miglior artista emergente

2016 PEOPLE'S CHOICE AWARDS
Artista rivelazione

2016 NICKELODEON KIDS' CHOICE AWARDS
Nuovo artista preferito

2016 MUCH MUCH VIDEO AWARDS
Video dell'anno: *I Know What You Did Last Summer*

A fianco Grandi amici, Camila Cabello e Shawn partecipano ai People Choice's Awards 2016, il 6 gennaio 2016.

Sopra, in alto Un'esibizione al pianoforte per migliaia di fan nelle strade di New York per lo spettacolo *Today*, dell'8 luglio 2016.

Sopra Shawn fa il suo ingresso con stile agli MTV Europe Music Awards, il 6 novembre 2016.

“NON MI SENTIRÒ MAI COME UNO CHE CE L’HA FATTA. NON PUOI ADAGIARTI SUGLI ALLORI, PERCHÉ IL TUO UNIVERSO PUÒ CAPOVOLGERSI IN UN ATTIMO. CI SONO ARTISTI CHE HANNO FATTO IL TUTTO ESAURITO PER UN ANNO, E QUELLO SUCCESSIVO NON RIUSCIVANO A RIEMPIRE UN TEATRO. SI PUÒ SEMPRE MIGLIORARE.” *SHAWN MENDES*

In questa pagina Star di Vine, Shawn è diventato famoso caricando canzoni dalla sua camera, suonando la chitarra sul letto.

A fianco La serata che ha cambiato tutto: il celebre concerto di Shawn al Madison Square Garden, il 10 settembre 2016.

o andrai in mille pezzi. Faccio tutto quello che posso, ma poi ho bisogno di un po’ di tempo per me.”

Shawn, che si è definito un “ragazzo molto normale”, ha imparato che l’industria della musica può essere un luogo complicato e solitario, dove una carriera da superstar può rendere difficile incontrare persone sincere e reali, fidanzate comprese ovviamente. “È difficile entrare in sintonia con le persone se lavori in questo mondo,” ha detto poco tempo fa. “Anche se non sono uno che mette in soggezione, è la mia carriera a farlo. Le persone pensano automaticamente: ‘Oh, è uno stronzo perché è famoso,’ e mi trattano male. Ma se si fermassero un minuto a conoscermi, capirebbero che non sono così. Sono un tipo alla mano.”

Se il carattere serio, educato e accomodante di Shawn e il suo fascino da ragazzo di provincia lo hanno aiutato a conquistare il mondo, sono proprio questi aspetti a tenerlo sveglio la notte. Shawn ai nostri occhi è un perfetto prodotto del pop, un vero e proprio signor bravo ragazzo. Ma per lui è un continuo tormentarsi nell’ansia per cercare di non deludere i suoi fan e continuare a rendere reale il suo sogno. “Per me è difficile dire solo ‘Wow, questo è fantastico: sono famoso. Sto vivendo un sogno!’”, ha dichiarato durante un’intervista. “Me ne sto seduto, penso e ho paura: tutto questo domani potrebbe sparire. Il mio terrore più grande è che un giorno non si presenti quasi nessuno a un concerto o, un’altra volta, che un mio tweet non riceva abbastanza ‘Mi piace’. Raccontarlo fa sorridere, ma è vero.”

Per adesso, gli basterà sapere che il Mendes Army è qui per restare, per ascoltare i suoi pezzi e mettere “Mi piace” a ciò che ha da dire. Perché il Mendes Army è un gruppo leale, vero?

IL MENDES ARMY

CAPISCI DI AVER FATTO IL BOTTO QUANDO I TUOI FAN INIZIANO A CHIAMARSI CON UN SOSTANTIVO COLLETTIVO. ED SHEERAN HA GLI SHEERIOS. I 5 SECONDS OF SUMMER HANNO I LORO 5SOS FAM. JUSTIN HA I SUOI AMATI BELIEBERS. PER SHAWN, I SUOI MILIONI DI FAN SONO CONOSCIUTI SEMPLICEMENTE COME MENDES ARMY: E CON IL LORO AMORE POTREBBERO CONQUISTARE IL MONDO!

Durante gli scorsi tre anni, i fan di Shawn hanno potuto crescere insieme al loro idolo. In questo periodo, anche il cantante e compositore è maturato, e ha capito che senza i suoi sostenitori sarebbe rimasto "un ragazzino qualunque di Toronto". "Dai quindici ai diciotto anni mi sono sentito una persona completamente diversa," ha dichiarato Shawn in un'intervista recente. "Penso che la mia comprensione del mondo sia cambiata. Ora sono più paziente, maturo e capace di apprezzare la vita senza farmi prendere troppo la mano." In questi tre anni, Shawn ha pubblicato due album di successo planetario, ha viaggiato per il mondo con un tour da tutto esaurito nel 2016 ed è pronto ad affrontare quello di *Illuminate* del 2017. È stato testimone oculare della Taylormania, mentre era in tour con Taylor Swift, e le sue intense esibizioni sono parte del rapido processo di crescita di un giovane artista.

A fianco Un momento di condivisione con il Mendes Army! Ci siete anche voi nella foto?

In questa pagina Shawn scatta selfie con i fan durante i People's Choice Awards, il 6 gennaio 2016.

> **"SONO DAVVERO GRATO DI AVERE QUESTO LEGAME CON VOI, RAGAZZI."** *SHAWN MENDES*

Shawn ha anche scoperto quanto i suoi fan lo adorino: "Sono la persona più felice del mondo," ha detto entusiasta. "Il contatto con il pubblico è la cosa più importante." Ha anche dichiarato: "Sono davvero fortunato ad avere un legame del genere con i miei fan." E lo dice con sincerità. "Una volta, ho firmato novecento autografi. In una serata!" ha confessato con orgoglio.

Con la sua fama in crescita grazie ai social media, Shawn è entusiasta di poter ricambiare. Ecco perché ha lanciato la campagna #NotesFromShawn attraverso DoSomething.org e spesso twitta ringraziamenti ai suoi sostenitori per il loro affetto profondo e spesso incredibile. "È facile essere creativi e allargare le proprie prospettive quando si hanno i fan più affettuosi del mondo. Ragazzi, grazie," ha postato su Twitter nell'ottobre 2016.

Il cantante diciottenne sta conquistando le classifiche di tutto il mondo ed è facile indovinare dove arriverà. Il tour del 2017 lo porterà a esibirsi davanti a più di un milione di appartenenti al Mendes Army e senza dubbio Shawn raccoglierà ancora più ammiratori lungo la strada. Ma come reagisce all'attenzione dei suoi fan? Ha un metodo molto semplice: "Gli dico solo 'Calmatevi, sono un tipo normale'. Credo che i fan se ne dimentichino seguendomi su internet o vedendomi in fotografia. Quando mi incontrano dal vivo è come se esplodessero, perché pensano: 'Non è possibile! È una persona vera'. Allora io dico loro: 'Sono reale, proprio come te'. Quando dico così si calmano quasi immediatamente."

Nonostante il Mendes Army cresca, facendosi più rumoroso, e la stella di Shawn brilli con sempre maggiore intensità, il cantante è convinto che la fama e la ricchezza non lo cambieranno. È troppo concreto, troppo legato alla sua famiglia e ai suoi più cari amici per diventare uno "stronzo", come dice lui.

"Voglio che le persone restino normali e non mi trattino in modo diverso. La cosa peggiore sarebbe se la gente iniziasse a trattarmi da re, perché quando accade rischi di credere che sia vero." Inoltre, Shawn ama troppo i suoi fan anche solo per perdere il legame con loro o comportarsi in modo distaccato. Non è un tipo arrogante. L'affetto sincero e l'ammirazione che riceve sono una delle ragioni per cui l'artista di Pickering è diventato il più amato del pianeta. "Una delle cose più importanti è mantenere il legame con i miei fan, una connessione molto intima," dice ridendo. Fortunati noi!

"I FAN DI SHAWN SONO IL SUO RIFLESSO: E LUI È DAVVERO UN BRAVO RAGAZZO." *CAMILA CABELLO*

A fianco Shawn dà il via alla festa di capodanno di Pitbull's Revolution 2016!

Sopra, in alto Lisbona ama Shawn! I fan portoghesi mostrano il loro affetto, l'8 maggio 2016.

Sopra Tutti matti per i Mendes-selfie durante gli MTV Europe Music Awards, il 6 novembre 2016.

MENDES MANIA

LA "PRIMA STAR MUSICALE DI VINE" È ARRIVATA MOLTO LONTANO IN POCHISSIMO TEMPO. DA PICKERING NELL'ONTARIO FINO A COLLEZIONARE PREMI MUSICALI IN TUTTO IL MONDO, SHAWN STA COLMANDO DI AMORE E GIOIA I CUORI DI CHI ASCOLTA IL POP, MENTRE LA MENDES MANIA DILAGA NEL MONDO.

In questa pagina Shawn riceve il premio come Artista rivelazione ai People's Choice Awards 2016, il 6 gennaio 2016.

A fianco Un'esibizione a sorpresa all'ingresso di Radio City Music Hall: che spettacolo! Il 22 ottobre 2015.

"Quando è successo?" si è chiesto di recente Shawn durante un'intervista. "Quando hanno iniziato a conoscermi tutte queste persone? Che bello! Il fatto che così tanta gente graviti attorno alla mia musica è davvero fantastico." Mentre la rubrica del suo iPhone cresce senza sosta, Shawn è diventato la star più cool della Terra.

Il suo manager, Andrew Gertler, crede che sia grazie al suo "rapporto diretto" con i fan. "Alla fine è tutto merito del tipo di persona che è lui," dice Andrew a proposito del fascino di Shawn. "È stupefacente che da quando l'ho conosciuto quindicenne ad ora, nonostante abbia sempre più successo, non abbia mai cambiato il modo in cui si comporta. Fa bene a circondarsi di brave persone e a mantenere una giusta attitudine mentale." La capacità di Shawn di riconoscere il buono negli altri lo ha aiutato a costruire un'ampia rete di amici, familiari e fan che lo tiene con i piedi a terra, mentre nel resto del mondo impazza la Mendes Mania.

L'isteria collettiva e la fama avrebbero fatto impazzire la maggior parte dei diciottenni – basta guardare Justin Bieber a diciott'anni! –, ma Shawn ha imparato dagli errori dei suoi colleghi e vive la

“SHAWN È IN GRADO DI FARE TUTTO.”

JOHN MAYER

sua celebrità giorno dopo giorno. "Nonostante tutto, mi sento di non avere ancora abbastanza talento per il tipo di carriera che sto avendo," ha detto. "C'è un'enorme aspettativa nei miei confronti ed è davvero faticoso soddisfare le attese. Ho affrontato moltissimo stress nella mia vita. Non mi sono mai sentito abbastanza bravo e, solo ora, inizio a convincermi di meritare tutto questo. Mi sentivo come se tantissime altre persone dotate dovessero avere quel che avevo io." Shawn ha ammesso di aver dovuto migliorare "sei volte più veloce del normale" per tenere il passo della sua fama improvvisa: "Ora, posso dire 'Oddio, ho fatto il tutto esaurito a Radio City. Sono nei guai. Sono molto fico.' Ma se la prossima settimana nessuno ha più idea di chi io sia?"

Nonostante abbia una lunga lista di ammiratori celebri, da Camila Cabello a Hailee Steinfeld, da Justin Bieber a Ed Sheeran, oltre al suo idolo, John Mayer, Shawn fa di tutto per mantenere le giuste distanze. "Sto ancora cambiando e imparando dai miei fan, così come loro stanno imparando cose su di me come persona. Ci vuole del tempo perché il mondo capisca chi sei, proprio come ne serve a te per capire loro." Noi crediamo che Shawn stia facendo un ottimo lavoro!

Non stupisce il fatto che tutta questa fama lo abbia portato ad alzare delle barriere intorno al suo cuore, e che questo successo abbia influito negativamente sulla sua capacità di trovare una fidanzata. Shawn ha ammesso che incontrare delle ragazze è difficile: "È dura andare oltre le prime impressioni, non solo con le ragazze ma con chiunque. Non è impossibile stabilire un legame, ma è molto difficile. Devo rendermi quasi del tutto vulnerabile affinché le persone intorno a me si sentano a proprio agio. La cosa non mi sconvolge, ma è meglio evitarlo, perché in questo momento la mia vita è così." Tuttavia, la vita da single non è così male per un cantante fascinoso: "Mi piacciono molto le ragazze divertenti, con un senso dell'umorismo spiccato; e se qualcuna coglie al volo il significato delle mie parole, la trovo subito molto attraente. Mi piacciono molto le more... e le ballerine! Ho un debole per le ballerine!"

Se volete avere una possibilità, sarà meglio iniziare l'allenamento...

"RAGAZZE CARINE CHE MI FANNO SEMPRE FOTO: COME POTREI MAI AVERNE ABBASTANZA?" *SHAWN MENDES*

In questa pagina Shawn fa conoscenza con James: che matti! Al *The Late Late Show with James Corden*, il 28 settembre 2016.

A fianco, sopra In onore di Elton John, Shawn e il cantante di *Rocket Man* duettano. Uno spettacolo unico.

A fianco, sotto L'Apollo di Londra infiammato da Shawn, il 5 maggio 2016.

Il 7 novembre 2015 Shawn ha ricevuto l'Allan Slaight Honour durante la cerimonia di Toronto sulla Canada Walk of Fame. Questo premio celebrava la "prima star di Vine" e un musicista canadese esemplare che ha raggiunto un successo mondiale. Hollywood è il prossimo passo!

“NON DIMENTICHERÒ MAI LA SENSAZIONE CHE SI PROVA QUANDO ESCI SUL PALCO DI FRONTE A UNA FOLLA CHE SAI ESSERE LÌ PER TE. È TALMENTE INCREDIBILE.” *SHAWN MENDES*

Shawn stupisce tutti ai *Billboard* Music Awards con un assolo al pianoforte, il 22 maggio 2016.

L'ANIMA DELLA FESTA

UN EP E DUE ALBUM AL NUMERO UNO, TRE TOUR MONDIALI, MILIONI DI MEMBRI DEL MENDES ARMY: TUTTO PRIMA DI AVER COMPIUTO DICIANNOVE ANNI. ORA COSA FARÀ SHAWN? NON NE ABBIAMO IDEA, MA UNA COSA È CERTA: SARÀ FANTASTICO.

"Mi sento molto più grande della mia età," ha detto di recente Shawn, e la cosa non può stupire visto dove è già arrivato. "Ho lavorato sodo per tre anni." Nessuno possiede una sfera magica per scoprire il futuro del talentuoso musicista, ma qualunque cosa Shawn si metta in testa, la ottiene.

"Mi piacerebbe frequentare l'università, un giorno, se ne avrò l'occasione," ha dichiarato. "Mi piacerebbe studiare chitarra." Per Shawn, il successo è "Vivere facendo ciò che ti piace", e inoltre ha manifestato un grande interesse verso la recitazione, un suo grande amore. "Non appena avrò tempo, mi ci voglio buttare a capofitto" ha dichiarato. Il suo ruolo preferito? "Spider-Man? Scherzo. Qualunque cosa, davvero. Mi piace recitare. Non importa cosa. Nei video in uscita mi vedrete all'opera. Mi piacerebbe avventurarmi in questo universo." È bello pensare che un giorno vedremo Shawn sul grande schermo, mentre dedica alla recitazione tutta la passione che mette nella sua musica.

A fianco Sono tutti qui! Joe Jonas, Shawn e DNCE si divertono alla grande all'after party dei Grammy, il 15 febbraio 2016.

In questa pagina Una pioggia di coriandoli. Il concerto di beneficenza Rays of Sunshine del 24 ottobre 2016, alla Wembley Arena di Londra, è stato una serata indimenticabile.

Sotto Shawn vince il premio Best Male – ovviamente! – agli MTV Europe Music Awards, il 6 novembre 2016.

La scelta di recitare, come quella di scrivere canzoni e cantarle, si inserisce perfettamente nella vera essenza di Shawn. Nonostante quello che dice, non è una pop star che, come molte altre, prende i soldi e scappa. Shawn supera ogni aspettativa facendo il proprio gioco: sorprende per le sue ansie e per la sua ambizione. Non è una marionetta del pop.

La più grande paura di Shawn è non trovare nessuno a un concerto, ma noi, i suoi fan, sappiamo che è improbabile. La ragione per cui è diventato una star così importante è che abbiamo bisogno di qualcuno che non sia il solito cantante con quindici minuti di fama e quindici milioni di dollari. Shawn non è costruito. Non è una star televisiva fasulla da reality show. È reale. E vuole intrattenere il mondo in questo modo. Andrew Gertler è d'accordo: " Credo che la sfida più grande sia stata mostrare a tutti che Shawn è più di una star adolescente. La gente si aspetta che un artista teenager faccia un certo tipo di musica, ma Shawn vuole comporre grandi testi d'autore. L'impressione che si fanno le persone: 'È un ragazzino quindi non può fare certe cose.'"

Modificare la percezione della sua musica e diffondere gioia con la sua positività sono gli obiettivi che appassionano Shawn e lo impegnano al massimo. Shawn vuole sfruttare il potere della sua musica per lasciare una traccia nel cuore e nella mente dei suoi fan. Nell'estate del 2016 ha collaborato con Paper Mate InkJoy Gel Pens con lo scopo di contribuire alla campagna Spread Joy, Not Smears che vuole aiutare i fan a scambiarsi messaggi scritti a mano per promuovere l'ottimismo e l'autostima, come parte del progetto #NotesFromShawn in collaborazione con DoSomething.org. Nonostante tutto, si ha

"SI PUÒ ANCORA COGLIERE IL SENSO DELLA MUSICA DI ARTISTI DEL PASSATO COME ELVIS O I BEATLES, PERCHÉ SONO SENZA TEMPO. È CIÒ CHE VOGLIO ANCH'IO." *SHAWN MENDES*

l'impressione che Shawn, anche senza la fama o il successo delle sue canzoni, si alzerebbe comunque ogni mattina donando una carica positiva al mondo, indipendemente da chi fosse il suo pubblico. La sua celebrità ha solo amplificato il bene che può fare.

"Cerco solo di essere la stessa persona che sarei se tutto questo non mi stesse accadendo," ha rivelato Shawn riguardo alla sua celebrità crescente. "Vivo e faccio solo ciò che mi rende contento. Se sono felice di tornare a casa e vedere i miei amici e la mia famiglia, allora torno a casa e vado dai miei amici e dalla mia famiglia. Se mi và di sgobbare per un mese intero, allora sgobbo per un mese intero. Ho giurato a me stesso che avrei fatto solo ciò che mi può dare gioia, senza, ovviamente, danneggiare gli altri."

E questo, in poche parole, è il motivo per il quale ti adoriamo, Shawn. C'è un mondo folle là fuori, ma possiamo consolarci al pensiero che esiste una popstar tenera, genuina e talentuosa a cui credere: il suo nome è Shawn Mendes.

TOP 10: LE MIGLIORI COVER DI SHAWN

Qual è la tua preferita?

1. 'SAY SOMETHING'
2. 'FAKE LOVE'
3. 'DRAG ME DOWN'
4. 'SUMMERTIME SADNESS'
5. 'SHE LOOKS SO PERFECT'
6. 'HALLELUJAH'
7. 'HELLO'
8. 'SKINNY LOVE'
9. 'HOTLINE BLING'
10. 'COUNTING STARS'

Luci! Motore! Shawn! Il cantante meraviglia gli American Music Awards, il 20 novembre 2016.